Una excursión asombrosa

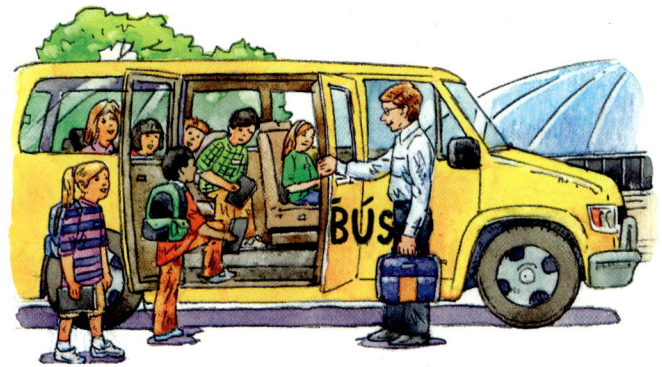

por C. Truman Rogers
ilustrado por Dan Bridy

Scott Foresman
is an imprint of
PEARSON

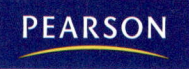

Glenview, Illinois • Boston, Massachusetts • Chandler, Arizona
Upper Saddle River, New Jersey

Illustrations by Dan Bridy.

ISBN 13: 978-0-328-53586-6
ISBN 10:   0-328-53586-9

Copyright © by Pearson Education, Inc., or its affiliates. All rights reserved.
Printed in the United States of America. This publication is protected by copyright, and permission should be obtained from the publisher prior to any prohibited reproduction, storage in a retrieval system, or transmission in any form or by any means, electronic, mechanical, photocopying, recording, or likewise. For information regarding permissions, write to Pearson Curriculum Rights & Permissions, One Lake Street, Upper Saddle River, New Jersey 07458.

Pearson® is a trademark, in the U.S. and/or other countries, of Pearson plc or its affiliates.

Scott Foresman® is a trademark, in the U.S. and/or other countries, of Pearson Education, Inc., or its affiliates.

1 2 3 4 5 6 7 8 9 10 V0G1 18 17 16 15 14 13 12 11 10 09

CONTENIDO

CAPÍTULO 1 — 4
Planes emocionantes

CAPÍTULO 2 — 6
¡Finalmente, la partida!

CAPÍTULO 3 — 8
Más preocupaciones

CAPÍTULO 4 — 11
El zoológico asombroso

CAPÍTULO 5 — 17
Más cosas extrañas y fabulosas

Capítulo 1 Planes emocionantes

El Club de Ciencias estaba haciendo unos planes muy serios. Bueno, no todo el Club de Ciencias, sino sólo seis miembros a quienes les apasionaban los insectos.

Emma, Jacob, Kayla, Luke, Carlos y Lily eran conocidos como los Niños de los Insectos. Estaban por emprender la excursión más grande y con más insectos en toda la historia del universo.

Emma había traído un recorte de periódico a una reunión del club. Era un informe sobre un nuevo zoológico entomológico: un lugar solamente sobre insectos.

Como la exhibición entomológica era nueva (de hecho, ni siquiera se había inaugurado), no podían averiguar mucho sobre la misma. Pero parecía fascinante y encantadora. Era algo, coincidían los Niños de los Insectos, que simplemente tenían que hacer.

El destino del viaje de los Niños de los Insectos quedaba a varias horas de Waterville, así que deberían pasar la noche cerca del zoológico. El señor Edwards, su maestro de Ciencias, iría con ellos, pero ellos tenían que hacer la planificación. Todos debían trabajar mucho recaudando dinero para pagar los gastos.

Como necesitaban más adultos que los acompañaran, la maestra Appleby, entrenadora de futbol de niñas, se ofreció como voluntaria para acompañarlos. Los maestros alquilaron un microbús para el Club de Ciencias. El señor Brand, el maestro de la banda musical, oyó hablar sobre el viaje y pensó que sería divertido ser el conductor. Finalmente, estaban listos para partir.

Capítulo 2 ¡Finalmente, la partida!

Los Niños de los Insectos tenían planeado encontrarse el jueves después de la escuela. El plan era dormir allá, ver la exhibición el viernes y quedarse hasta la tarde. El grupo debía estar de regreso en Waterville alrededor de las 9:00 P.M. del viernes.

Jacob y Luke fueron los primeros en llegar. Jacob trajo la pequeña grabadora de su padre y prometió encargarse de grabar los comentarios que hubiera entre el grupo. Luego llegó el Sr. Edwards con Lily. Ella traía una gran libreta de dibujos en la que planeaba hacer detallados bosquejos de los insectos.

Carlos llegó después, y trajo dos nuevas guías de insectos. Sólo faltaban la maestra Appleby y Emma. Emma siempre llegaba apurada a clase a último momento, y, exactamente como todos esperaban, subió corriendo al microbús.

Los otros niños se miraron entre sí, con ganas de refunfuñar. Pero, ¿dónde estaba la maestra Appleby?

No podían salir hasta que llegara la maestra Appleby. Finalmente, llegó. Se había demorado debido al tránsito. Por fin estaban en camino.

Apenas comenzado el recorrido, el microbús salió de la autopista interestatal hacia una carretera tranquila. El señor Edwards sugirió que los niños comenzaran a debatir qué era lo que más les interesaba ver. Sabían que habría mucho para ver. Jacob preparó su grabadora y comenzó a documentar la historia oral de su aventura.

Capítulo 3 Más preocupaciones

—Espero no haber tomado un camino equivocado —dijo el señor Brand, deteniéndose a un lado de la carretera.

Había planeado volver a su casa y regresar por ellos al día siguiente, pero Luke le preguntó:

—¿Por qué no se queda con nosotros una vez que lleguemos? Entonces podremos dividirnos en tres grupos mañana.

El señor Edwards apoyó la sugerencia, y el señor Brand estuvo de acuerdo. Ahora sólo les quedaba llegar a su destino.

—No creo que estemos muy lejos —dijo Emma con seguridad.

Tenía el mapa y también las instrucciones para llegar. Carlos parecía pensativo y comentó:

—Este zoológico está bastante lejos, ¿no creen? No hay nada alrededor en millas y millas.

¡Finalmente vieron una pequeña señal que indicaba el camino hacia Locust Hill, el pueblo más cercano al zoológico!

Justo cuando todos estaban seguros de que en algún momento habían tomado un camino equivocado, el microbús llegó al pequeño pueblo de Locust Hill. Y allí estaba su motel, la Posada Mariposa.

Era una posada agradable, sencilla pero cómoda, que había sido reconvertida a partir de un viejo depósito. Los niños quedaron encantados al descubrir que todas las habitaciones tenían nombres de distintos tipos de mariposas (papillo, monarca, etc.) y que, además, estaban decoradas con sus colores.

A la mañana siguiente tomaron un desayuno rápido. Todos estaban demasiado emocionados como para comer mucho, porque querían ir al zoológico de inmediato. Salieron temprano en su microbús.

Capítulo 4 El zoológico asombroso

Pronto estaban a las puertas del zoológico. Había sólo un gran cartel pintado a mano a la entrada: *Zoológico Entomológico Extraordinario* con una flecha que señalaba un camino angosto bordeado de árboles.

"¿Dónde están los edificios?", se preguntó Lily. Todo lo que podían ver era una pequeña casa redonda.

Un guardián hacía señas al microbús para que se detuviera.

—Me llamo Fred —dijo—. Hemos estado esperándolos. Son nuestros primeros visitantes. ¡Bienvenidos!

El microbús con los Niños de los Insectos y sus acompañantes se estacionó, y todos caminaron por un angosto sendero por el prado cubierto de hierba, siguiendo los carteles con flechas que indicaban el camino. Pronto pudieron oír algo que sonaba como máquinas funcionando, o como un inmenso enjambre de abejas. "Debemos de estar cerca", pensaron. Pero aún no había ningún edificio a la vista.

—¡Ojalá pudiera ver un edificio o algo! —dijo Jacob.

Pero pronto llegaron a un edificio bajo, de un solo piso, con un cartel elegante en una puerta roja y pesada que decía *Exhibición entomológica* en letras doradas. Todos suspiraron aliviados. Ahí estaba su meta. Ahí estaba la razón por la que habían trabajado y planeado tanto. Ahí estaba su… ¡descubrimiento!

Decidieron ir hacia su primera elección: las mariposas. La Sala de Lepidópteros, como se llamaba la exhibición de mariposas, estaba a la izquierda, bajando por un corredor en pendiente.

Todo el zoológico parecía estar construido bajo tierra. Aunque afuera estaba templado, la temperatura se iba haciendo mucho más cálida a medida que los niños bajaban por el corredor. Era algo así como entrar a una mina subterránea.

A medida que se acostumbraban a la poca luz, los niños, podían percibir siluetas de árboles y oír sonidos débiles, como brisas. Era realmente maravilloso, pero los niños no habían visto ninguna mariposa aún.

Pronto vieron un claro. Había más luz, pero no había ventanas que dejaran entrar la luz del sol. La luz venía de este nuevo y extraño mundo subterráneo al que habían entrado, ¡un mundo que no se parecía a nada que hubieran visto antes!

El grupo se apuró hacia la luz. Los recibió el más asombroso e increíble panorama. Por todos lados donde miraran había mariposas gigantes. Algunas eran tan grandes como carros pequeños. ¡Al volar de arbusto en arbusto sus alas batientes lanzaban ráfagas de viento que casi levantaban del piso a los Niños de los Insectos!

—¡Oh, miren sus alas! —gritaba Luke—. Siempre me preguntaba cómo se verían de cerca las escamas de las que están formadas.

De repente se escuchó una voz en un altoparlante, suave pero clara: "Por favor no hagan ruidos fuertes mientras visiten a las mariposas. Escuchen, pero no hablen. Sus voces podrían molestarlas". Luego el altoparlante se silenció. Y también los Niños de los Insectos.

—Bueno, queríamos ver algunos insectos especiales —susurró Kayla—. ¡Y realmente los hemos visto!

Pero entonces el altoparlante volvió a hablar: "Silencio, por favor".

Lily asintió en silencio hacia el altoparlante y colocó su dedo índice en forma perpendicular a su boca, como una promesa.

A medida que el grupo avanzaba por el prado, se sintieron más cómodos y comenzaron a mirar más detenidamente lo que los rodeaba.

—¡Mira, ahí! ¡Crisálidas por todos esos arbustos! ¡Son tan grandes como pelotas de futbol! —gritó Lily, sin darse cuenta.

A cualquier lado que miraran, había polillas y mariposas gigantes en distintas etapas de su vida. Había monarcas anaranjadas y negras, polillas tigre con manchas, orugas oso lanudo y polillas de repollo.

Como el altoparlante les había pedido amablemente pero con firmeza que no hicieran ruido, el grupo evitó hablar. Se dedicaron a mirar maravillados y a escuchar el sonido sibilante de las alas de las mariposas al precipitarse y elevarse alrededor de ellos y por encima de sus cabezas.

Lily hacía señas silenciosas a los demás y señalaba su cuaderno. Había estado dibujando las diferentes etapas en la vida de una mariposa con detalles realistas.

Capítulo 5 Más cosas extrañas y fabulosas

Al final de la exhibición, una puerta conducía a otro corredor angosto. Los Niños de los Insectos caminaron por el corredor hasta que llegaron a una puerta que no cedía. Una voz en el altoparlante anunció que "la próxima puerta no se abrirá hasta que tengan puestos los auriculares".

—Qué fastidio. ¿Tenemos que hacerlo? —susurró Emma a Jacob en tono vacilante.

"¡Sí!" respondió la voz del altoparlante con un estruendo sorprendente.

Tras ese anuncio, todos se pusieron los auriculares.

—Con razón tenemos que usarlos —dijo Kayla cuando se acercó a la próxima puerta.

Era casi imposible escuchar más que zumbidos, chasquidos, aleteos y chirridos.

Cigarras, saltamontes, avispas, moscas y todo tipo de insectos ruidosos llenaban una sala enorme. Pero, al igual que las mariposas que recién habían visto, todos los insectos de la exhibición que volaban o se arrastraban eran extremadamente grandes.

—Mejor para poder verlos —dijo Carlos.

Todos se detuvieron para mirar una cigarra adulta salir arrastrándose fuera de su piel, casi como desenvolviendo un regalo.

—¡Miren, miren aquí! —dijo Emma de pronto, señalando frenéticamente hacia la derecha—. Miren ese avispero. Es tan grande como un garaje.

Todos miraron hacia donde ella señalaba. Era un avispero de avispas papeleras, con forma como de frasco y adherido a un árbol. Entraban y salían avispas, llevando alimento para que las obreras alimentaran a las larvas en desarrollo.

—¡Imaginen cómo serán las larvas! —exclamó Kayla, asombrada.

La siguiente sala tenía pulgas que podían saltar 150 pies por el corredor por el que los visitantes caminaban. Había mariquitas gigantes masticando hojas. Había mosquitos igual de grandes. Cuando volaron cerca del grupo, sus zumbidos ahogaban los de todos los demás insectos. Pero por alguna razón extraña, ninguno de los insectos parecía querer atacar a los diminutos humanos que los observaban.

—Me pregunto si los han criado para que eviten a los humanos —dijo Jacob a su grabadora.

Los niños miraron cómo los insectos probaban algo con sus antenas antes de comerlo. Vieron larvas de moscas comiendo insectos muertos que habían caído al suelo.

—¡Qué asco! —dijo Lily—. Gusanos feos y gigantes, y se convierten en moscas desagradables.

Pero Emma le recordó que los gusanos eliminan a los animales muertos.

Ya de vuelta en el corredor, trataron de abrir la siguiente puerta, pero no cedía.

Nuevamente el altoparlante les dio una orden: "Pónganse las gafas de sol que cuelgan de la pared". Ya sabían que no podían desobedecer. Abrieron la próxima puerta y quedaron deslumbrados por una luz brillante. Había miles de luciérnagas enormes.

Luego, cuando el grupo pasó por la última puerta, la voz del altoparlante dijo:

"Gracias por venir. Esperamos que ahora sientan un respeto aun mayor por los insectos. Pero ¿qué tipo de informe escribirán cuando regresen a su casa?" preguntó luego, sorprendiéndolos.

—Qué pregunta más rara —Lily le comentó a Kayla—. ¿Te sonó como la voz de Fred, el guardián?

—Quizá —contestó Kayla—. No hemos visto ningún otro humano aquí, ¿no?

El grupo que volvía hacia el microbús iba muy pensativo. Tenían suficiente información como para poder hacer un informe. ¿Pero quién les creería que habían hecho una excursión tan fantástica como ésa?

Insectos magníficos

Una excursión asombrosa es un cuento de ciencia ficción. No existen insectos gigantes del tamaño de microbuses. Sin embargo, las descripciones de los insectos y sus ciclos de vida son reales. Están basadas en datos científicos.

Hay más tipos de insectos en el mundo que de cualquier otro grupo de criaturas. Los insectos son fascinantes y útiles. Algunos pueden parecer un fastidio. No nos gusta que las termitas se coman la madera de nuestras casas. Pero eliminan la madera muerta de los bosques. Los insectos, al igual que las larvas de las moscas, comen residuos y animales muertos.

Las mariposas tienen un ciclo de vida diferente al de los humanos. Crecen de un huevo hasta la etapa en que son orugas y luego se convierten en pupa o crisálida, después de lo cual descansan antes de transformarse en mariposas adultas.

Tenemos razones para apreciar a los insectos porque polinizan plantas, dan belleza, cantan y hasta producen luces misteriosas.